JN298981

妻グエンニェン(光軍)
母イェルーン(惠緑)
娘アンティー(安迪)
弟アントン(安東)へ
長い間の忍耐と
たがいが与えあった
勇気の確認のために

赤い大地

社会と個人を考える
黄色い大河
10代の文化大革命

アンコー　チャン
（張 安戈）

監修／青野繁治
訳／稲葉茂勝

中国の文化大革命

紅衛兵新聞にはじめてのったこの風刺画は、文化大革命初期の芸術作品として重要なもの。反共集団に属していると告発されたたくさんの高級幹部たちを描いている。

文化大革命

　中国は、世界人口の5分の1が住んでいる巨大な国です。古くから文学、芸術、哲学、そして医療において優れていました。一方、人びとの苦難の歴史も長く、とても長い間、少数の特権階級や地主たちが、全人口の80％以上を占める貧しい農民層を支配してきました。

　時代時代、人びとは生活を向上させるため、反乱を起こしました。ところが、そういった反乱はことごとく制圧されてきました。

　第二次世界大戦後、毛沢東ひきいる中国共産党と蒋介石の国民党の間で起きた内戦で共産党が勝利し、その結果、1949年、中華人民共和国が建国されました。

　毛沢東は、国の体制を完全に変えたいと思いました。地主から土地を取り上げ、人びとに土地を分配しようとしたのです。彼は、すべての生産手段（商業や工業など）を国家の管理下に置きました。

　ところが、改革があまりにも強烈で急激なものであったため、人びとに膨大な混乱を与えたのです。しかし、毛沢東は改革を強く推し進めました。

　1966年、毛沢東は、改革が十分に成功していないと判断し、また、

人びとの考えが変わっていないと考えました。そこで彼は、改革を次なる段階へ発展させなければならないと判断しました。そうして起こしたのが、「文化大革命」です。

彼は、「4つの旧」とよぶ、旧文化、旧思想、旧風俗、旧習慣（中国の古い考え方や古い文化・古い習慣）を完全に取りのぞき、彼が考える、新しい体制にしようと計画しました。

中国の文化大革命　紅衛兵とは

毛沢東は、若者たちこそが毛沢東革命の未来であって、忠実で勇敢で、精力的な理想主義者だと考えました。そして、「すべての人が集団の利益のために私欲をすてて勤勉に働く」、そんな新しい中国を建設するために、毛沢東の活動に参加するだろうと考えたのです。

こうした毛沢東の考えにしたがう若者たちのことを紅衛兵といいます。彼らが北京に登場したのは、1966年5月下旬のことです。まず、首都の北京で、若者たちの間に、紅衛兵運動が起こりました。まもなく、北京のすべての学校に、紅衛兵の組織がつくられました。そして、あちこちで紅衛兵たちの集会が開かれ、その規模も、回を重ねるごとにどんどん拡大していきました。

腕章を身につけ、赤いふさがついたやりを持って、国慶節を祝い、哈爾浜の通りを行進している幼い紅衛兵。

新版の『毛沢東選集』と『毛沢東語録』を買うために、400kmも歩いてやってきて、徹夜して本屋の前で待っている紅衛兵少年団。

第1章

　1966年。私は13歳でした。家族といっしょに、北京の中心部に住んでいました。私の家は、四合院という中国の伝統的な住宅で、四角い中庭をかこむように4つの棟があります。両親の部屋は北側の棟に、祖父母は西、妹と弟は東、そして、私の部屋は南側の棟にありました。庭の中ほどには、小さな畑があって、家族みんなで、ヒマワリ、キュウリ、キャベツ、インゲンを育てていました。

　私たちの生活は、それほど悪くはありませんでした。父は有名な作家で、「黄河大合唱」の作詞もしています。この曲は、世界じゅうの中国人にうたいつがれています。

　私が小さかったとき、学校の先生は、父をよく学校へ招きました。作品について話をさせるためでしたが、私は、それがとてもいやでした。作家の息子なのに、作文で一度もよい点を取ったことがなかったからです。でも、私は絵が得意でした。クラスで一番うまかっ

たと思います。当時の私にとって、あこがれは、人民解放軍の軍人でした。私は兵士たちの姿をたくさん描きました。

　こうして私は、学校でも、家でも、そして中庭でもたのしく過ごしていました。6月、突然、文化大革命がはじまりました。数週間もたたないうちに、学校のようすはまったく変わりました。同級生たちは、次つぎに紅衛兵に参加していきました。

　先生たちは教室から追いだされました。あるとき、陰陽頭（頭髪を後ろ側半分だけそり上げる）にされた校長先生が、校舎の前の運動場にひっぱりだされ、台の上に立たされました。そして、そのまわりを、「文化大革命万歳、打倒走資派＊！」とさけぶ学生たちがとりかこんだのです。紅衛兵が、校長先生の頭に赤いインクをあびせました。私もいっしょになって、その言葉をとなえましたが、意味はわかっていませんでした。

＊資本主義の道を歩む実権派。

人びとの生活は非常に混乱していましたが、それはそれで、私たち子どもにとっては、わくわくする刺激的なものでした。
　学校では国語や数学を学ぶかわりに、毛沢東語録を覚えました。まちでは、革命を宣伝するポスターと革命的スローガンを通りに貼ってまわりました。まもなく、北京のまちじゅうの路地という路地、通りという通りが赤い紙と赤い腕章をつけた人びとの流れであふれかえりました。

このポスターには、紅衛兵たちが『毛沢東語録』を手に「我われは、我らが最高指導者から学ばなければならない。彼の望みを忠実に、誠実に、そして勇敢に、推し進めなければならない」と宣言しているようすが描かれている。

『毛沢東語録』

　『毛沢東語録』とは、毛首席の420の言葉が収録されている小さなビニールカバーの本のこと。これは文化大革命のバイブルとなり、数億部出版されたといわれている。語録には、毛沢東主義者の勇気、倹約、献身の美徳が書かれ、また、それらを政治的な活動や日常生活でどうやって実践するかも書かれている。
　人びとは、格言を暗記し、くりかえしとなえた。
　革命前には、国民の80％が文字を読めなかったが、青少年たちが読み書きのできない年長者たちに、毛語録を1語1語、1文1文教えたため、文字を読めるようになった人が増えていった。その意味では、毛沢東語録は、当時の8億人もの国民をまとめ、全国民に共通言語を与えることになった。

上の写真は、1939年、父が人民解放軍幹部をつとめていて、ちょうど「黄河大合唱」の作詞を終えたころのもの。父は、延安革命根拠地で撮られた写真（下）のなかにもいる。
右は、10歳の私が少年先鋒隊となったときに撮影した写真。当時の若者は10歳になると、少年先鋒隊＊に参加することができ、18歳になると共産党共産主義青年団に参加することができた。
　　　　　＊現在は、12歳から17歳。

ある朝、私が学校に着くと、ふたつの巨大なポスターが正門の両脇に掲げられていました。ひとつには「老子英雄児好漢*1」、もうひとつには「老子反動児壊蛋*2」と書かれています。私は、両親が共産党員であることを誇りにしていました。両親は「英雄」です。
　24人の紅衛兵が門の外に立っていました。そこを通りすぎるとき、みんなが自分の出身階級を告げなければなりません。自分の家族が人民解放軍に所属していると告げる人がいました。また、自分

*1 老子英雄児好漢：
親父が英雄なら息子はいいやつ。
*2 老子反動児壊蛋：
親父が反動なら息子はろくでなし。

の家族は、労働者階級や農民だという人もいました。彼らは誇らしげに門を通りすぎていきます。一方、家族が地主や資本家などの人たちは、犯罪者のように紅衛兵の前をこそこそと頭をたれて通りすぎていました。

　私の父は革命に参加したことがありました。さあ、私の番です。
「お前の家は？」と、ひとりの紅衛兵がたずねました。
「共産党員です」と、私は誇らしげに答えました。

友だちのホン（宏）は紅衛兵でした。お父さんが人民解放軍の幹部だったのです。学校での成績はそれほどめだちませんでしたが、スポーツが得意でした。私たちは、学校のサッカーチームのチームメイトでした。ホンは、深緑色の制服を着て、左腕に赤い腕章をつけ、家によく遊びに来ていました。私は、その格好がうらやましくてしかたありません。
　あるときホンに、「私も紅衛兵に入りたい」と伝えました。
　すると、その数日後、ホンは私を教室からよびだしました。その顔はとても憂鬱そうでした。私の父が作家であることを理由に、私が紅衛兵に参加することに反対する仲間がいるというのです。
　「お父さんが"黒五類*1"と言われていることを知っているのか？」と、小声で聞きました。
　私は、彼の顔をいぶかしげに見ながら、そのことばの意味を理解しようと努めました。それでも、「ぼくの父だって共産党幹部だ。ずっと毛沢東と共産党を支持してきた」と言ってやりました。
　「おれの言うことを信じられないのはわかる」
　私の困惑した顔を見ながら、彼は答えました。
　「自分の目で確かめたほうがいい。きょうの午後、中国作家協会の本部があるビルに来いよ」と言った彼の声は、重く沈んでいました。
　「おれたちは激しい政治闘争のまっただなかにいるんだ。お前は、自分の立場を決めなければならないぞ」

　そのビルは、かつて両親が、春節見物*2に連れてきてくれたところです。建物は、まるで宮殿のようで、頑強な壁にかこまれ、門には守衛室までありました。しかし、もはや荘厳で立派な建物には見えません。
　講堂は学生と労働者であふれかえっていました。集会はすでにはじまっていたようです。どなり声が響きわたっているなかを、私は人混みをかき分けて進み、なんとかすきまを見つけました。

ステージの真ん中には有名な芸術家のホア（華）が立たされ、まわりを紅衛兵たちが取りかこんでいました。私は彼を知っていました。彼はすばらしい画家です。かぞえきれないほど多くの中国の人びとが、彼の絵を称賛してきました。

　いま、彼の首には、ごみ箱のふたのような、大きなプラカードがかけられています。そこには、彼が「黒五類」だと書かれていました。頭には、白い厚紙でつくられた三角帽子をかぶせられていました。

　紅衛兵は、彼に頭を低く下げろと言いました。彼がそれにしたがうと、三角帽子がおちてしまいました。すると、紅衛兵のひとりがそれをひろい、彼の頭にらんぼうに押しつけてもう1回かぶらせました。ほかにも数人、ステージの脇に列をなしていました。彼らの胸にも、プラカードがつり下げられていました。みんな、低くうなだれています。

*1 黒五類：地主、富農、反革命、壊分子（ごろつき）、右派分子
　　紅五類：労働者、貧農・下層中農、軍人、革命幹部、革命烈士
*2 旧暦元旦。中国の人びとにとって1年で最も重要な祭日となっている。

職場集団の長が三角帽子をかぶせられている。帽子には罪名と「駱子程」という名前まで書かれている。

新聞と糊のにおいに満ちた中国作家協会のあるビル。

首からプラカードをかけられて立たされている人たちのなかに、なんと、父がいたのです。父は、灰色のズボンと白いシャツを着ていました。それは、朝、私が見たままの姿でした。

　ステージの上にいた父は、やせおとろえ、とてもひ弱に見えました。父もうなだれていました。父の左腕は、彼が軍にいたときに馬からおちたせいで、わずかにまがっています。

　とつぜん、数人の紅衛兵が父をステージの中央に押しだしました。その瞬間、私は、それまでに経験したことのない恐怖に襲われました。

　「打倒！ 走資派」と、ひとりの紅衛兵がマイクでがなりたてました。気づいたときにはすでに、無数の拳がふり上げられる海のなか、数千のシュプレヒコールが雨のようにふりそそいでいました。私もしらずしらずのうちに拳を上げていたようです。しかし、何を言っているのか自分でもわかりませんでした。もちろん、ステージの方を見ることもできませんでした。だれにも見つからないところに隠れたい。そう願いながら、できるだけ息をひそめるようにするばかりでした。

それから間もないある晩のことでした。私たちが夕食を食べていると、表の門でドスンという大きな音が聞こえました。門を開けたとたん、20人ほどの紅衛兵が乱入してきました。ほとんどは、父の書斎に突進していきます。
　そのうちのひとりは、父の運転手で、私たちがフー（胡）おじさんとよんでいる人でした。おじさんも赤い腕章をつけています。
　おじさんは、妹と弟、そして私に、いっしょに祖父母の部屋にいるように告げました。
「きみのお父さんは"黒五類"なんだ」と、おじさんが言いました。
「きみは、お父さんとの間に線を引かなくちゃいけない」
　書斎からは、次からつぎへと物がこわれる大きな音が聞こえてきました。おばあさんは、両腕に私たちをしっかり抱いていてくれましたが、その腕は小刻みに震えていました。
　父は、美術品や骨董品をたくさん集めていました。紅衛兵は、父のコレクションの明時代の花瓶や年代を経た絵画を、庭にたたきつけてこわしました。父の日記や原稿はひとつ残らず持ちさられました。

　紅衛兵が出ていったあと、私は、母が部屋を片づけるのを手伝いました。そして、こなごなになった陶器のなかから、以前本棚の上に飾られていた素焼きの仏頭を見つけました。
　その仏頭は、漢時代のもので、とても価値のあるものだと父がかつて言っていました。私は、それにさわることすら許されなかったのです。私は、その仏頭をひろい上げました。ずっしりと重く、驚いたことには、まったくこわれていませんでした。顔は、少し微笑んでいて、とても平和そうに見えました。
　その仏頭を机の上にそっと置こうとしたとき、「そんなもの、捨ててしまえ……」と、父の悲しそうな声が聞こえてきました。父は、机に両ひじをついて手で顔をおおっていました。
　私は、どうしてそんなことを言うのか聞きたかったのですが、結局何も言わず、仏頭をがらくたの山にそっともどしました。
　学校生活はすっかり変わりました。私は突然「黒五類」の子になっ

てしまったのです。もう紅衛兵に参加しようとは思いませんでした。
　「黒五類」の子は、毎日、廊下や便所を掃除させられます。ホンのような幼なじみでさえ、ホールや校庭など、人前では私を避けるようになりました。私は、学生集会やデモへ他の人といっしょにいくことを許されませんでした。
　毎朝、「老子反動児壊蛋」と書かれた正門の看板の前を通りましたが、その「壊蛋」（ろくでなし）が私なのです。

中国の文化大革命　紅衛兵運動のはじまり

　1966年8月18日、毛沢東は、深緑色の軍服を着て、腕に紅衛兵の腕章を巻いて天安門に現れました。全国から来たおよそ100万人の紅衛兵に対して、「造反有理」（革命に反対するものに造反することは、理にかなっていて正しいことである）と宣言し、紅衛兵たちを激励しました。
　紅衛兵をすしづめにした何千台ものトラックが、毛沢東の前を行進しました。天安門広場は、毛沢東バッヂをつけ、『毛沢東語録』をふりかざした紅衛兵でうめつくされていました。そして、口ぐちに「毛主席は最高指導者、我らは毛主席の小さな戦士」とくりかえしていました。
　彼らは、無邪気に共産党と毛沢東を信頼しきっていたのです。毛沢東主席を守るための闘いに参加する若者たちは、あとをたちませんでした。
　毛沢東は、古い考えを持つ人を「黒五類」とよび、「悪い人」だと断定しました。一方、新しい考えを持つ人を「紅五類」として、「よい人」と考えたのです。そのため、紅衛兵になれるのは「紅五類」の子どもだけで、「黒五類」と見なされた人びとの子どもは、紅衛兵にはなれませんでした。
　また、毛沢東は、紅衛兵たちに対して、彼らの学校の教師や学長、指導者などの思想を問うことを奨励しました。

いったいなぜこうなってしまったのか、私にはわかりませんでしたが、それを説明してくれる人もいませんでした。なぜなら、だれにもわからなかったからです。

　私は恥ずかしいような、それでいて腹立たしいような気持ちをずっといだいていました。それでも、『毛沢東語録』は、何度も何度も暗唱しました。意味があまりわからないままに。

　私は、名前までアンコー（安戈）から、革命的なウエイコー（衛革）に変えました。そうすることで、紅衛兵たちの批判が、自分に向かないようにしようとしたのです。紅衛兵たちに、私はみんなと同じで毛首席に忠実なんだと示そうとしたのです。

　私はただただ、他の子どもと同じでいたかった。深緑の制服を着て、赤い腕章をつけて。

　ところが、いろいろなことで、私は、他の子どもたちとは違うのだと思い知らされたのでした。

『毛沢東語録』

たくさんの人びとが、毛沢東のバッヂを集めていた。

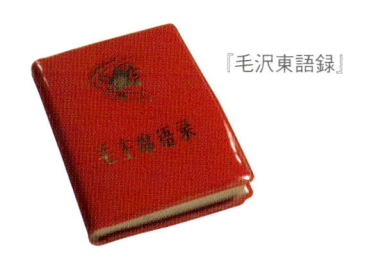

第2章

母との思い出の写真。

　ほどなくして父が逮捕されました。母は、伝統歌劇研究会で働いていましたが、母が働く部署の仕事そのものが批判されるようになりました。
　そして、祖父母が住んでいた家の西棟が、紅衛兵たちによって占拠されました。その後すぐに祖父が病気で亡くなりました。
　叔母は、革命のために働こうと全国の各地を転てんとしてきた人です。しかし、教え子が紅衛兵になって叔母を糾弾したことにひどくショックを受けて、自殺してしまいました。
　学校では、次からつぎへと新しい紅衛兵の集団が結成されました。どの集団も他の集団よりも革命的であろうとし、あげくのはてには紅衛兵集団同士の抗争まではじまりました。

　ところが、これは、私たち「黒五類」の子にとっては都合がよかったのです。そのおかげで、私たちはもはや紅衛兵たちの主な攻撃目標ではなくなったからです。
　私は、絵と書道がとても得意でした。そのため紅衛兵たちが大きなポスターをつくるときに、よくかりだされました。
　私の描いたポスターは、すぐにまちのいたるところで見かけるようになりました。それでもだれひとり、自分たちの組織に入るよう、誘ってはくれませんでした。
　私は赤い腕章をつけた級友たちを見ながら、「紅五類」に生まれた彼らの幸運をうらやましく思うばかりでした。

中国の文化大革命　紅衛兵運動の高まり

　紅衛兵たちは、毛沢東の指示に忠実にしたがい、人びとを「紅五類」と「黒五類」に分けていきました。「黒五類」には、厚紙でつくった三角帽子をかぶせ、首から大きなプラカードをかけて四つんばいにさせ、あざける群衆の前にひきずり出しました。こうした「黒五類」のなかには、投獄された人や、労働収容所に送られた人も大勢いました。死ぬほど殴られた人もいました。いやがらせに耐えきれずに自殺した人もたくさんいました。

　さらに、すべての時間を革命に捧げられるように、学校や大学は閉鎖されました。紅衛兵たちは巨大なポスターをつくり、あらゆる場所に貼りつけました。彼らは軍服を身にまとい、分厚い革のベルトをつけ、鮮やかな赤の腕章を巻きつけました。彼らは旗を持ち、ドラムやドラやシンバルを鳴らし、『毛沢東語録』をふりかざし、「文化大革命万歳、打倒走資派！」とさけびながら、まちなかをねり歩くことばかりしていました。幼い子どもまでも、自らを、毛首席の「紅小兵」だと言いました。幼い子は、文字が読めるようになる前に、『毛沢東語録』の一節を暗記していたほどでした。

　若者にとって、紅衛兵運動は刺激的なもので、まるで巨大なストリートパーティーのようでした。膨大な時間を、友人たちと集い、紅衛兵の仲間たちと話しあい、毛沢東の思想について語り、そして、どのようにすれば毛沢東の教えを忠実に実践できるかについて、議論することにばかり費やしていました。若者たちはいつもいつも、巨大な一団となって革命歌をうたいながら通りを行進しました。拡声器は朝早くから鳴り響いていました。寝る者はいません。若者たちはとても元気でした。彼らは世界を変えているまっただ中にいました。

　こうした紅衛兵運動は、北京からはじまり、地方に拡大し、やがて中国全土にまで広がっていきました。中国は、すぐに1億人の紅衛兵でいっぱいになりました。しかし、そのほとんどは若者、そして幼い子どもたちでした。

有名な画家、斉白石に抗議する新聞の時事漫画。

ある日、下町を歩いているときに、小さなスタンプ店を見つけました。ショーウィンドウには、いろいろな紅衛兵の組織名が刻まれた、手のひらほどの大きさのスタンプがたくさん並んでいます。
　15銭出せば、私もスタンプをつくってもらえるのです。
　なぜ、みんながやったこの方法で、紅衛兵の組織をつくらなかったのだろう？　私は元気が出てきました。
　私は、その日の午後には、中央に天安門、その上に毛沢東主席の「造反有理」と書いたスタンプのデザインを考えたのでした。
　紅は喜びの色。私は、自分の組織を「北京紅星造反兵団」と名づけました。ただ、私のスタンプはデザインが複雑であったため、店からもう15銭請求され、結局30銭支払わされました。でも、そのときから私も、ようやく紅衛兵の一員となれたのです。

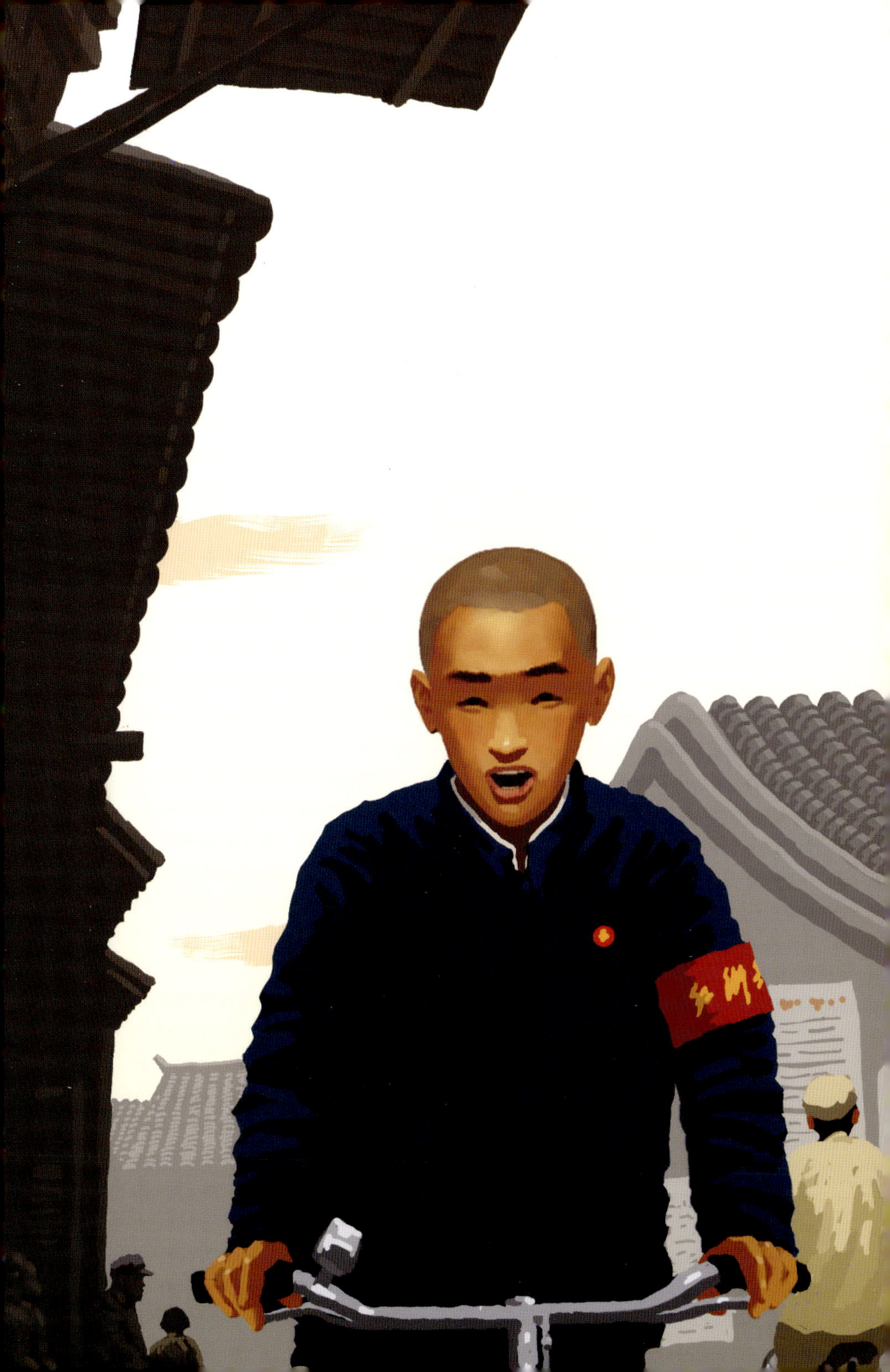

学校が封鎖されてから数か月が過ぎたある日のこと。私は、道でホンに会いました。彼は、中国南方で活動していた紅旗兵団という紅衛兵集団の抗争を支援するために、広州にいくつもりだと話してくれました。
　南方では、紅旗兵団が敵対する紅衛兵集団と激しく争っていたのです。他の3人の少年が彼といっしょにいくことになっていました。彼は、私にも仲間に加わらないかと誘ってきたのです。列車の切符と旅費は、すべて出してもらえるとのことでした。

　北京から広州にいくのに3日かかりました。列車は異常に混んでいて、人びとは網棚の上や座席の下にまで押しこまれていました。
　私は、ホンが友人と、党で知りあった人のことや、紅衛兵集団同士の抗争について話しているのをずっと聞いていました。彼らは、自分たちがどうやって「黒五類」の家を荒らしたのか、「黒五類」を

中国の文化大革命　紅衛兵の移動

　紅衛兵はただで汽車に乗ることができました。また、たったの10銭で食事ができました。さらに人のいない学校や競技場に、無料で宿泊することもできました。
　紅衛兵たちは、パンフレットの類や毛沢東バッヂをいっぱいに積んだ手押し車を押して、国じゅうのあちこちを移動しました。そして、手押し車を止めては、ドラを鳴らし、パンフレットやバッヂを配り、毛沢東の思想を広めたのです。
　また、「大字報」という手書きのポスターを通して毛沢東思想を広める紅衛兵集団もありました。
　ポスターはドアと同じくらいの大きさのもので、彼らはそのポスターをあらゆるところに貼りつけたり、物干しロープにつり下げたり、床や歩道に貼りつけたり、バルコニーや屋上、窓からぶら下げたりしました。

追いはらったのか、たがいに自慢しあっていました。私は、彼らといっしょにいるだけでも、なんだかわくわくしていました。私の頭には、自分の家族に起きたことなど、これっぽっちもありませんでした。とうとう私も文化大革命に加わることができたのです。

私たちは紅衛兵集団の一団が占拠している中山医学院に配属されました。その建物は、砂袋を山のように積んで入り口を封鎖してありました。鉄のヘルメットをかぶり、マシンガンを持った衛兵がいました。まるで軍隊のキャンプ地のようです。サッカー場には、2丁の対空機銃まで置かれていました。

毎晩銃声が聞こえました。何台もの救急車が、けが人を乗せて救急センターに入っていったかと思うと、あわただしく出ていきます。出入りはひっきりなしでした。私たちにも拳銃が与えられ、撃ち方を教えられました。私は、生まれてはじめてオートバイに乗りました。また、拳銃にさわりました。非常に危険なことでしたが、この上なく刺激的でもありました。

「大きな戦闘があるので、全員準備をするように」ある夜、医学院のスピーカーから、突然けたたましく警告が鳴り響きました。

紅衛兵集団が、敵対する紅衛兵集団の本部を攻撃し、2台の装甲バイクを奪ったため、敵が何千人もの兵を集めて、今夜私たちを攻撃してくるだろうというのです。

私たちはみんな、サッカー場に集まり、死ぬまで戦うことを誓いあいました。ひとりに1個ずつの手榴弾といくつかの手製の火炎ビンを与えられました。その夜、医学院は静まりかえっていました。巨大な投光機が建物だけを明るく照らしだしていました。

ついに私は、「黒五類」なのか、それとも「紅五類」なのか、自分の色を選択するときがきたのです。

友人たちに恥をかかせるようなことは絶対にできない。でも、死ぬのは怖い。私が、死ということを考えたのは、そのときがはじめてだったかもしれません。

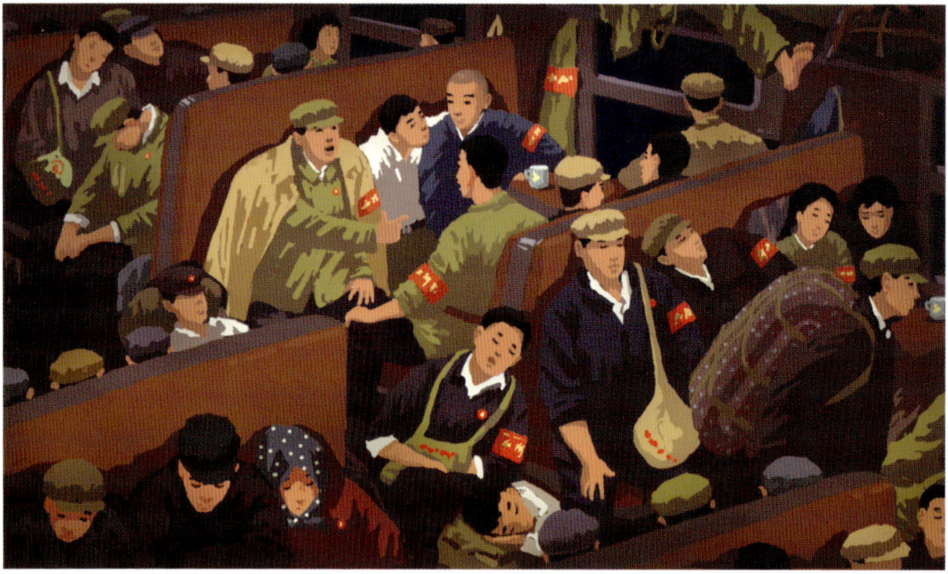

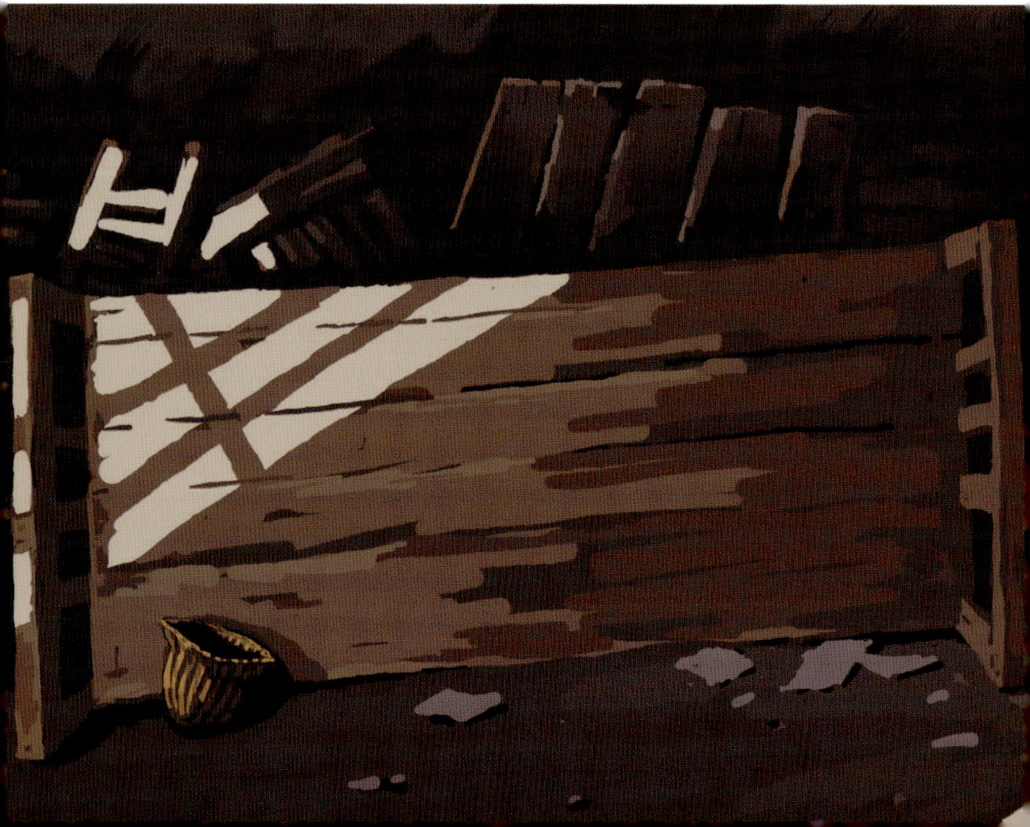

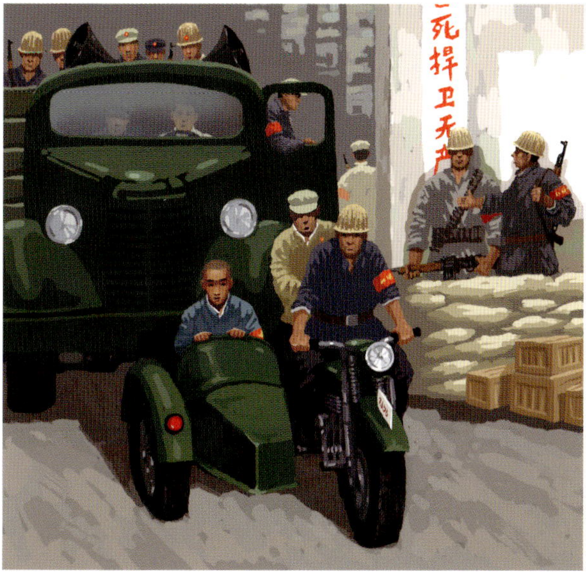
死捍卫无产

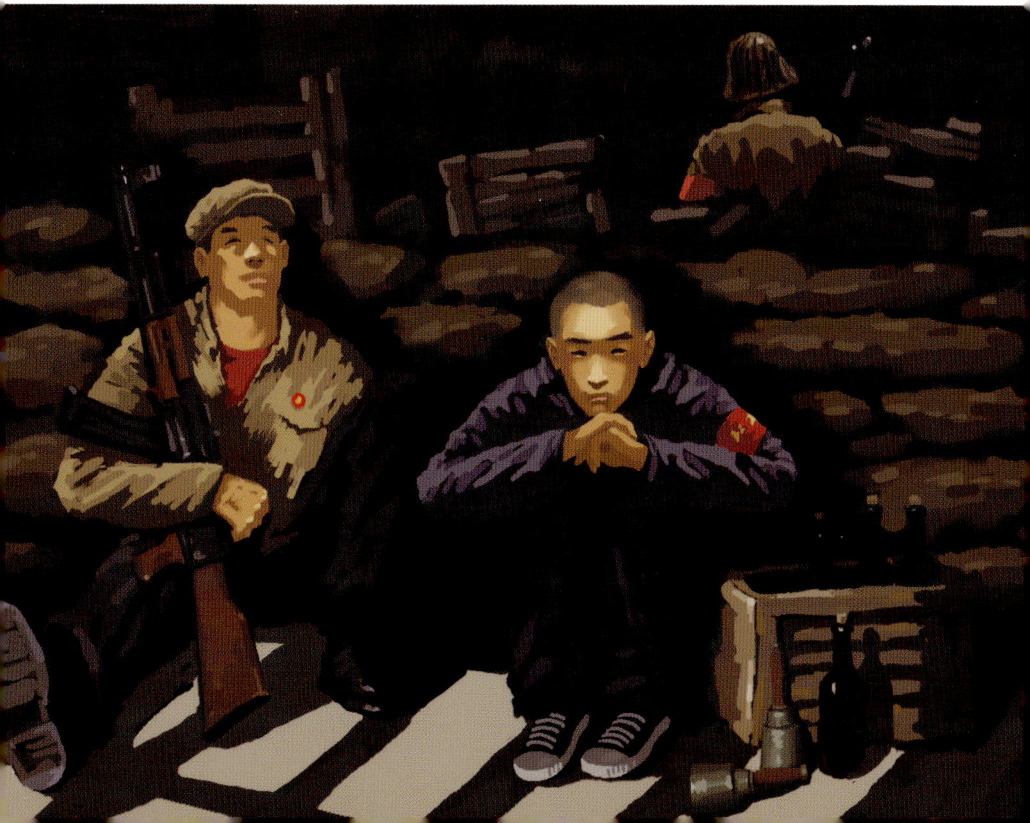

父のことも考えました。父はどこにいるのだろう？

なつかしい父との
写真。

　ふしぎなことに、紅衛兵たちが私たちの家を荒らしたあとに、瓦礫のなかで見つけた、あの仏頭のことが頭をよぎりました。仏頭はなぜあんなにも平和な笑顔を浮かべていたのだろう？
　銃声のなか、そんなことを考えているうちに、私はいつしか眠りにおちていました。
　目が覚めたとき、昼の光が満ちていました。私は、まだ生きていました。あの警告は誤報だったのです。

数週間後、家にもどったとき、北京はさらに変わっていました。通りという通り、あらゆる壁、すべてのバスには、毛沢東の言葉が書かれた赤いポスターが貼られていました。「赤い大地」と化していたのです。

　商店の看板はこわされ、店のウィンドウには、毛沢東の写真だけが掲げられていました。学校もひっそりとしていて、教室はこなごなになった電球やこわされた机と椅子で散らかっていました。

　先生はひとりもいません。見張りが何人か廊下を見まわっているだけです。

　映画館では、毎日同じ映画が上映されていました。ラジオも同じ革命的な音楽ばかりを流していました。美術館で展示されているのは、農民の作品だけでした。

　私たちは、通りをぶらつくしかありませんでした。することなど何もなかったのです。

　私は、紅衛兵の事務所にいるホンたちを訪ねるようになっていました。組織には入っていませんでしたが、私が出入りしても、彼らは気にしなかったのです。ほどなくして、私は自分が手伝える仕事を見つけました。電話番です。

　当時、電話を持っている紅衛兵集団は、そうありませんでした。電話を受けて伝言を伝えることに、私は喜びを感じました。私も紅衛兵の役に立っているように思えたからです。

　私は、ホンの組織が他の紅衛兵集団の本部をつぶすため、何百人もの紅衛兵を集めているのを知って、自分の友人をとても誇らしく思いました。

　ホンたちは、あちこちに巨大なポスターを貼って、自分たちの政治スローガンを誇示したり、敵対する組織を批判したりしていました。

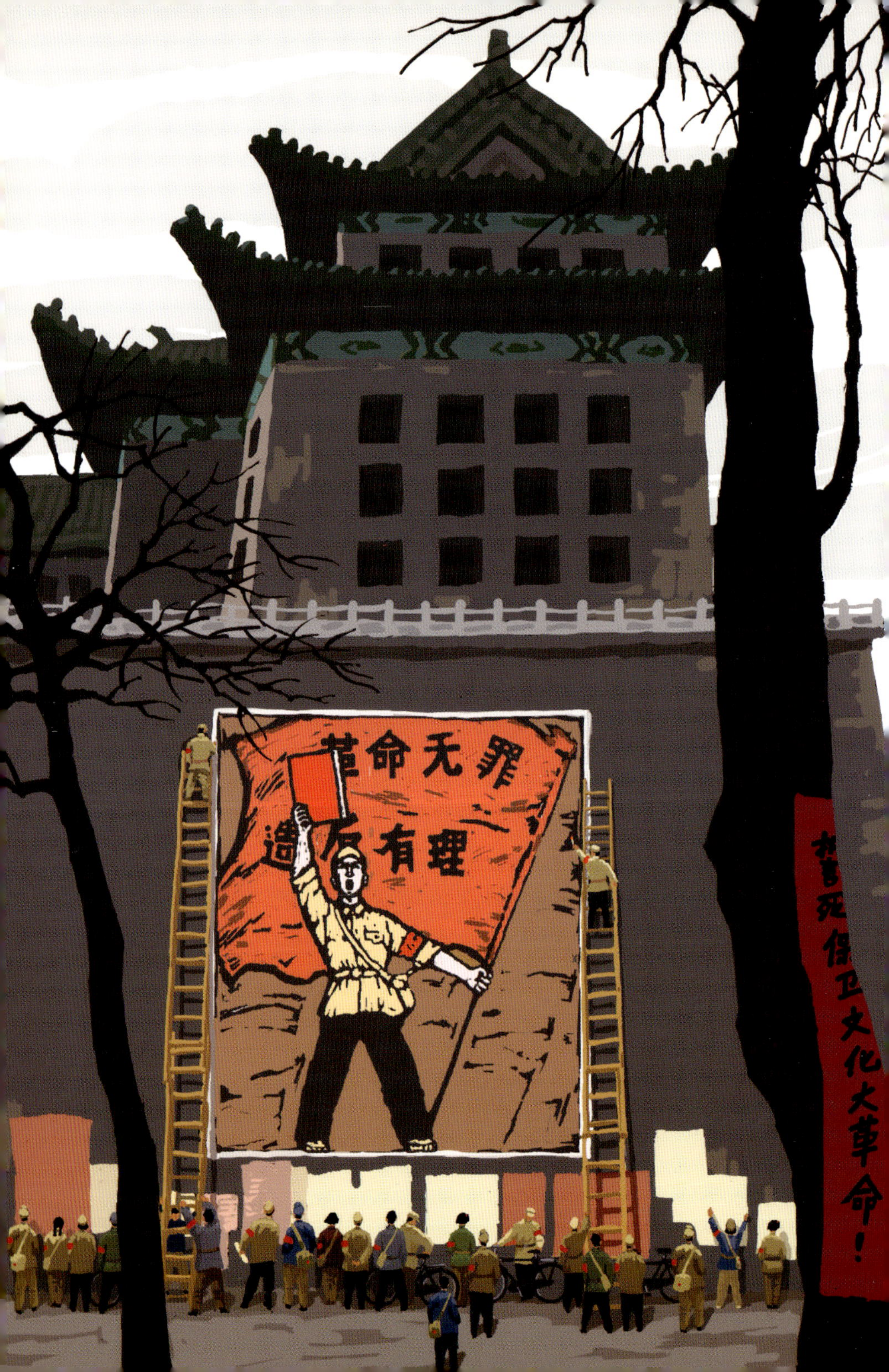
革命无罪
造反有理
誓死保卫文化大革命！

紅衛兵

　ある日の夕方、ホンの事務所にいるとき、突然、大勢の人びとが部屋に押し入ってきました。敵方の紅衛兵集団でした。彼らは手に手に鉄の棒を持ち、あたりかまわずにこわしはじめました。私はすぐに電話を隠そうとしましたが、まにあいませんでした。制服を着たひとりの紅衛兵が、両手を後ろに隠して近づいてきました。

　「電話を下に置け」

　私は後ずさりしました。そのとたん、鉄みたいなものが顔にあたりました。私は倒れ、電話は床におちました。だれかが鉄の棒で、バシッとたたきこわす音が聞こえました。そのとき、目が見えなかったのですが、黒い電話がこなごなに飛びちるのがわかりました。

この一撃が、私を目覚めさせ、心のなかにひそんでいた何かを、隠れていたけれど私のなかにしっかりと存在していた何かを、ゆさぶり起こしたのです。

　自分の国や自分の家に何が起きているのか、考えだすととまりませんでした。

　・私の父は、なぜ罰せられねばならなかったのだろう？
　・なぜ人びとはたがいに憎みあって争っているのだろう？
　・どうやったら自分の人生をちゃんと生きていけるのだろう？

　だれも答えを教えてくれません。私には、みんなが向かうべきところはどこにもないように感じられました。

　ある日、私は父の書斎へ入りました。紅衛兵たちに略奪されたとき、父のたくさんの蔵書は奪われないですみました。これまで私は父の本に何の興味もありませんでした。文化大革命がはじまって以来、私たちは毛沢東の本しか読んでいなかったのです。
　私は書棚をじっと見つめました。書棚は錠がかけられており、さらに紅衛兵の印がついた細い紙切れで封印されていました。
　私は、ゆっくりと書棚の扉の蝶番をはずし、錠と封をそのままにして、そうっと扉を開けました。

紅衛兵たちの問題
<small>中国の文化大革命</small>

　紅衛兵たちは毛沢東思想を心から支持していました。しかし、毛沢東の思想を広め、人民のよい手本になろうとするのではなく、しだいにたがいに争うようになっていきました。それぞれの集団が、我が集団こそが、「真の毛沢東の兵士だ」と主張しようとしました。中国は、すぐに大混乱に陥りました。

　国じゅうが混乱するなか、紅衛兵たちはあちこちを放浪していました。駅で眠り、通りに集まる紅衛兵たちもたくさんいました。学校、劇場、そして運動施設などは閉鎖されていたため、多くの紅衛兵たちのたまり場になっていました。彼らは、することもなく、つまらないことですぐにいざこざを起こしました。

　1966年の末、大きな騒ぎが起こりました。いくつかの紅衛兵の集団が、軍隊から武器や備品を盗みだしたのです。鉄のヘルメットを身につけ、手榴弾や投石器、やりや棒切れを使って、敵対する紅衛兵集団を攻撃したのです。

　「よい革命家」とは、革のベルトで悪い人たちを打ったり、彼らの家を襲撃したり、彼らに向かってつばを吐いたりすることだと信じた、愚か者もいました。

　紅衛兵たちは、通りへ出て、交通標識や街灯をこわしました。彼らは、学校や美術館、図書館や個人の家に押し入り、古いもの、外国のもの（骨董品や家族のアルバム、楽器、絵画に宗教的な装飾品、そして西洋作家の本）なら、何でも破壊したり燃やしたりしました。寺や墓石、記念碑の表面を傷つけることもありました。北京の頤和園にある彫刻や絵画にも上からペンキを塗ったのです。

　しかし1968年になると、あらゆるものを破壊する紅衛兵を見て、疑問をいだく人も出てきました。そうした状況がいやになってしまった人、また、飽きてしまった人などは、しだいに学校へとまいもどりはじめました。

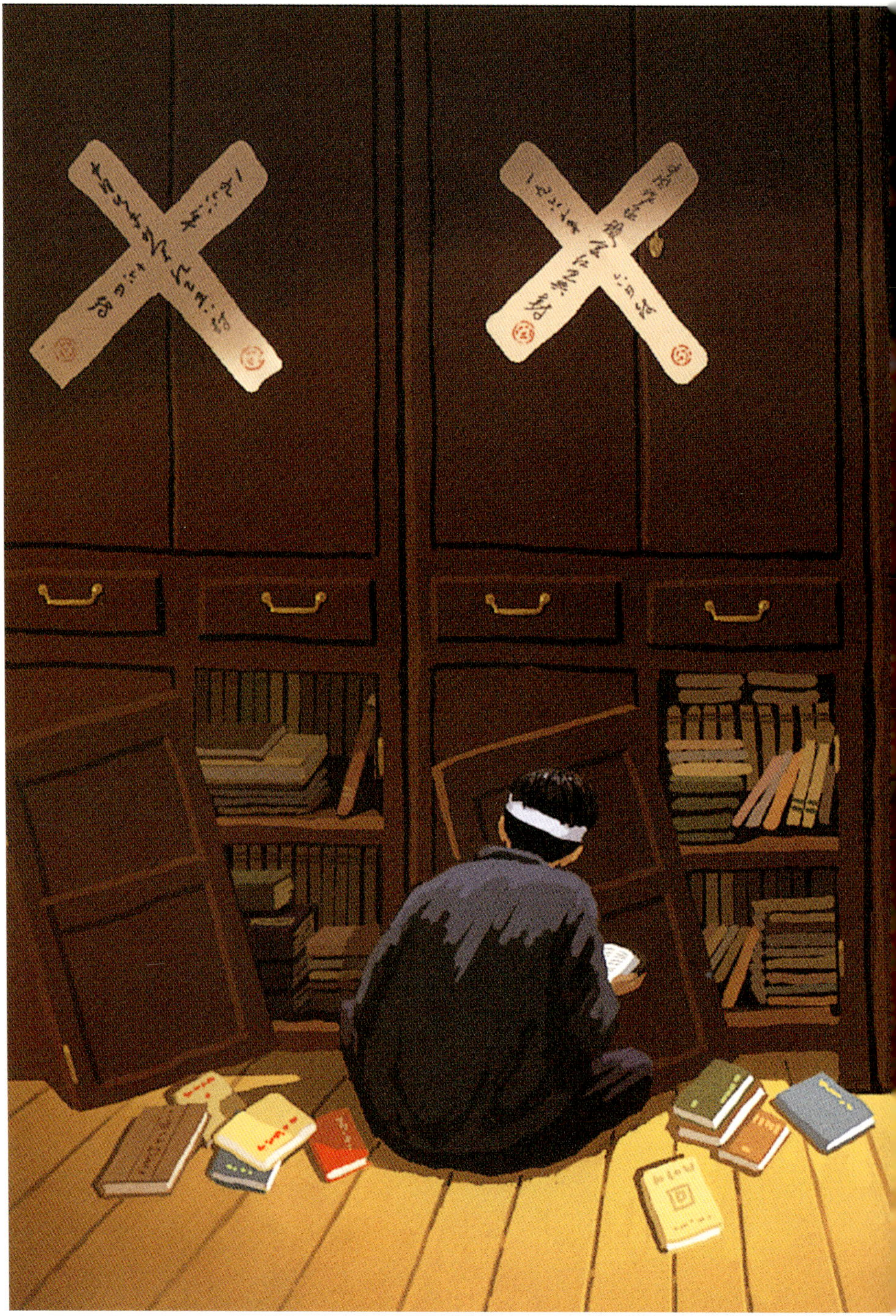

それから数か月の間、私は家にこもり、父の蔵書のほとんどすべてを読みあさりました。
　本の多くは読んではいけないとされていたものでした。
　ビクトル・ユゴー、チャールズ・ディケンズ、ジャック・ロンドンなど、西洋の作家の本は、とくに禁じられていました。
　私は、来る日も来る日も読書に没頭しました。
　そしてはじめて、世界にはたくさんの異なった種類の人びとがいるということがわかったのです。
　よい人もいれば、悪い人もいる、強い人も弱い人もいる。
　しかし、どんな人でも、自分自身の運命と向きあわなければならない。
　自分の未来を追い求めなければならない。
　私はそんなことを教わったような気がしました。

ある日のことです。
私は家のなかで
なぜか焦りを感じていました。
中庭に出てみると
見慣れた壁が取りかこみ、
頭の上には、
いつもと同じ
四角い空が見えていました。

ふと、
私は屋根に上がろうと思いつきました。
壁を登りはじめたとたん、
中庭から見えていた空は、
四角く切り取られた空だったと気がついたのです。

高く登るにつれて、
自分のまわりの景色がどんどん開けていくのに感動しました。

私は、
北京の屋根という屋根を見渡しました。
どの屋根も頑丈な瓦でおおわれていました。
屋根は、
どこまでも広がっていました。
つながっている屋根もあれば、
ひとつひとつ区切られた屋根もありました。

私は足もとに注意をはらいながら瓦の上をなんとか進みました。
瓦は滑りやすく、
よほど注意しないと、おちて首の骨を折っていたでしょう。

私は、
この小さな中庭のある家に何年も住んでいるのに、
近所の人と仲良くつきあうことは、
一度もありませんでした。

ある家の中庭に、かわいらしい女の子が
すわって編み物をしていました。
そばには松葉づえが置いてありました。

他の中庭にはハトの群れがいました。その家の主人は引退した工場労働者でした。
　私が屋根から見ていると、老人は飼っている20羽ほどのハトを、1羽1羽名前をよんでは、空に放していました。

のちに聞いた話なのですが、紅衛兵がこの老人のハトを没収しようとしたとき、老人は、肉切り包丁を持って紅衛兵たちの前に立ちはだかり、「だれであろうと、わしのハトに触れようとする者は、殺してやる」と言ったとのこと。紅衛兵たちも、しかたなく彼をほうっていってしまったのだそうです。
　しばらく私は、ひとり屋根の上で、ハトが空にのぼっていくのを見たり、そこここで鳴くハトの声を聞いたりしていました。

中国の文化大革命 下放運動

　1968年夏、たいへんな混乱状態にあった紅衛兵たちに対する再教育が問題になりました。すると毛沢東は、こんどは青少年たちに、次のようによびかけたのです。

　「我われは知識分子が大衆のなかへ、工場へ、農村へいくように提唱する。主として、農村にいくのである……。」

　これが契機となって「下放運動」が起こりました。それとともに、紅衛兵運動は終わりを告げたのでした。

　この下放運動は、都市で生まれ育った何百万人もの青少年たちを、紅衛兵だった人であろうと、そうではなかった人であろうと、政府の指示により、実家を離れて田舎へいかせるというものでした。

　そして、毛沢東のこの「農民から学べ」という方針を、かつての紅衛兵たちや青少年は忠実に守り、農業をすることによって、毛沢東のめざす新しい中国を建国しようとしたのでした。

中華人民共和国

ロシア連邦
モンゴル
黒龍江省
哈爾浜 → p3
吉林省
遼寧省
内モンゴル自治区
朝鮮民主主義人民共和国
p41
北京 → p4
大同
河北省
寧夏回族自治区
p7
山西省
山東省
大韓民国
延安
日本
甘粛省
陝西省
河南省
江蘇省
安徽省
中華人民共和国
湖北省 → p54
浙江省
湖南省 → p43
江西省
福建省
貴州省
鉄道
台湾
広西チワン族自治区
広州 → p22
広東省
ベトナム
海南省
フィリピン

第3章

1968年、毛沢東は、すべての学生たちに、田舎へいくように命じました。どのように農民になるかを学ばせるためです。まもなく名簿と行き先が発表されました。私は、北京から遠く離れた山西省にある小さな村へ送られることになりました。私は15歳になっていましたが、私たちは、残りの人生を田舎で暮らさなければならないのかと、とても不安になりました。

　北京駅のホームは、愛する息子や娘に別れを告げる家族や友だちでいっぱいでした。父が拘留中のため、母がひとりきりで私を見送りに来てくれました。列車が動きはじめたとき、母が私の方へ歩いてきて何か言いました。しかし、母の言葉は、さけび声の波のなかでまったく聞こえません。母はにっこり笑おうとしていましたが、目には涙が浮かんでいました。人混みのなかにやつれた母の顔を見たとき、母も年をとったなあと感じると同時に、自分が成長したことも感じました。私は、知らない世界に向かって動きだしていました。もう子どもではありません。

　9時間後、列車は小さな駅で止まりました。私たちは馬車に乗りこみ、それぞれの目的地へと向かいました。とても寒い冬の夜でした。話をする人はだれもいません。私は遠くの山やまを見つめていましたが、馬のひづめの音とともに、しだいに見えなくなっていきました。

　村に到着したとき、そこは真っ暗で、物音ひとつしませんでした。電気も通っていません。農家の人びとは石油ランプを使い、水は井戸からくんで生活していました。

私たちは、ある家に案内されました。なかは暖かく、私たち7人でいっしょに使う、煉瓦でできた大きなベッドがありました。私たちは北京から来たということで、村でも一番よい家が与えられたそうです。
　石油ランプをつけて明るくすると、だれかが井戸から水を運んでくれたのか、やかんに水がくんであるのがわかりました。テーブルの上には、ヒマワリの種の入った袋が置いてありました。それらは、特別なものではありませんでしたが、村人からの精一杯の贈り物でした。
　だれかが私たちの面倒を見てくれる、自分たちは決して孤独ではないのだと感じました。村には、およそ800人の人が住んでいました。

　みんなは5つの班にふり分けられました。私たちの班長は、背が高くてがっしりしたたくましい男でした。彼はレスリングのチャンピオンだったそうです。
　翌日仕事をはじめるとき、彼は、「仕事をやりすぎるな。お前たちにはたくさんの時間がある」とだけ、みんなに言い渡しました。
　私たちは、班長とドギー＊（「ガキ大将」の意味）とよばれる少年に、凍った湖へ連れていかれました。私たちの仕事は、その氷にいくつもの穴をあけることでした。それは、私たちにとって何か新しいことのように思えました。そして私たちは熱心に氷の穴あけをやりはじめました。
　私はドギーといっしょに作業をしました。彼は16歳で、たくましい筋肉質の男でした。

＊「ドギー」という音は、本来、中国語にはないが、原作の英語"Doggie"にしたがって表記した。

中国の文化大革命　毛沢東

文化大革命の間、とても人気が高かった毛沢東のポスター。

　毛沢東は、1893年、湖南省の比較的豊かな農家に生まれました。彼は、たびたび子どもたちをたたく、気の短い厳格な父親に育てられました。中国の子どもたちは、親を尊敬するのが普通ですが、彼は、めずらしく意志が強く独立心があったため、父親に服従することはありませんでした。13歳のときに、父親が客人の前で、彼のことをなまけもので役立たずといって侮辱したことがありました。そのとき彼は、父親に向かって悪態をつき、家を出してしまったのです。

　父親は、彼の後を追いかけて、もどるように命じました。しかし、彼は池の端にたたずんで、「もし近づいたら、飛びこんでやる」と父親を脅したのです。このとき、父親はしかたなく、もうたたかないことを約束したと伝えられています。

　このできごとは、毛沢東の人生を変えた瞬間でした。彼は、屈服はさらなる圧迫をよび、そして公然とした反抗は、自らの権利を守る唯一の手段だと学んだのです。そして彼は、農村で働くために学校をやめましたが、17歳で学問の世界にもどり、手に入るものすべて（新聞、ジョージ・ワシントンやナポレオンの伝記、ヨーロッパの哲学など）を読みました。また、彼は一時軍隊に入り、その後ふたたび学問を続け、教師としても働きました。

　1921年、毛沢東は中国共産党の創立を助け、1935年には、党の指導者となりました。そして1949年、蒋介石の国民党との内戦に勝利し、中華人民共和国の建国に成功しました。

　毛沢東主席は、党内にいる彼に反対する勢力と絶えず争ってきました。しかし、中国の人びとにとって、毛沢東は、1976年に死去するまで、疑う余地のない中国の指導者でした。「もし毛沢東主席がそうだと言えば、それはそうなんだ、そして彼がそうではないと言えば、それは間違いなくそうではない」

毛沢東がライバル林彪とともに描かれている湯のみ茶わん。林彪は毛から権力を奪おうとして失敗。

なぜ氷に穴をあけなければならないのかとたずねる私に、ドギーは、村人が飼っている魚が新鮮な空気を吸えるように穴をあけるのだと言いました。そんなばかなことはないと思いました。魚は水中でエラ呼吸をしている。なぜ魚が空中の空気を吸えるように穴をあけなければならないのか？

　するとドギーは、「農民がずっとやってきたことだ」と言います。私は、肺呼吸とエラ呼吸のちがいを説明しはじめました。ドギーはだまって聞いていました。と、突然、彼は大声でどなりました。

　「なぜお前は、だまって言われたことをしないんだ」

　私は、どうして彼が急に怒りだしたのかわからず、当惑するばかりでした。

その翌日から、農作業がはじまりました。班長は、畑へ私たちを連れていきました。そこで農夫たちといっしょに働くのです。作業は単純でした。ふたつのかごに土を入れ、背負い棒でかついで、それほど遠くない低地へ運ぶだけのことでした。

　空になったかごをかついでもどってくると、ドギーが私の前にさっと現れました。彼は何も言わずに、ふたつのかごに土を目いっぱい入れました。そして背をのばして上から私を見おろしました。彼の瞳は笑っているようでした。

　私は、両手で重さを確かめるしぐさをし、たいして重くないふりをして運んでいきました。

　自分が運んだ往復回数をかぞえました。1、2、3、……13、14……しだいに汗でびっしょりになって、足もともふらつきはじめ、何回かころんでしまいました。

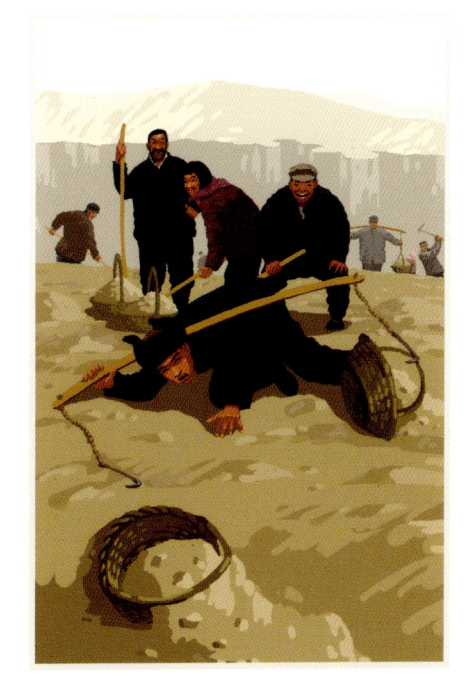

空のかごをかついでもどってくるたびに、どういうわけかドギーは私の前にすうっと現れるのです。私に息つく間も与えずに、ドギーはかごに土をこんもりと盛りました。明らかに私の体力を消耗させることに、たのしみを感じているようでした。私は、絶対に彼を満足させまいと必死になりました。

　薄い布地のシャツの下は、背負い棒があたって皮膚がむけ、ひどくただれていました。棒が肩に触れるたびに、耐えられないほどの痛みが走ります。痛みをやわらげるために、重さを首にかけるようにして運びはじめました。体は、おじぎをしているように前のめりになりました。しかし、私は、ドギーの前に立つときだけは、平気なふりをして見せました。村人たちは、そのようすをにたにたして見ていました。

　次の日、私の肩は赤くはれあがって、さらにひどくなっていました。シャツをたくし上げて肩のまわりにクッションをつくり、かろうじて痛みをしのぎました。重い荷物を運ぶには、気力をしぼり、気持ちを引きしめることしかできませんでした。

　数歩前に踏みだしたとき、片方の足ががくんとつまずき、またしても、かごもろともひっくりかえってしまい、土が自分の顔にかかって、どろどろになりました。その顔を見て、みんなが笑いました。ドギーもかがみこんで、腹をかかえて大笑い。

　かごの中身がほとんどこぼれてしまっているのを見た私は、かろうじてドギーの足元にかごを置きました。彼はかごに土を半分だけ入れて言いました。

　「行けよ！」

　私は、「山盛りにしろ」と、どなり声を投げつけました。怒りで爆発しそうだったのです。

　ドギーはためらいながらも、土を目いっぱいに入れました。私は、前かがみになって、ふらつく足どりでただ前に進みました。そして、自分に言い聞かせました。

　「ぼくにはできる。絶対にできる……」

私たちは、長い冬の間じゅう、来る日も来る日も朝から晩まで、村人といっしょにこの仕事をくりかえしました。いつしか私は、ドギーの信頼と友情を勝ち得ていました。

　私の村には、男子が7人と女子が7人、下放してきた若者がいました。下放組には政府から食料が配給されます。
　とはいっても、白い小麦粉が週に1度、肉と米は月に1度。年に1度、ひとりひとりに料理用油の配給がありました。
　私たちの主食は、とうもろこし。朝昼晩とうもろこし。それでも、村人たちより、私たちの食べ物ははるかによかったのです。
　料理の担当は女子です。毎日、食料庫から出した食べ物を、注意深く計量したあと、大きな錠で食料庫の扉を閉めていました。
　ある日、口論が起こりました。夕食の後、チュー（朱）がアコーディオンを演奏しはじめたのです。彼は、私たちが幼かったときによくうたっていた歌をうたいはじめました。それは湖で小さなボートを漕ぐという歌でした。
　と、女子たちが台所から飛びだしてきて、私たちを叱りました。
「やめてちょうだい。それは革命的な歌ではないわ」
　その言葉に私たちはみんな腹を立てました。チューといっしょにさらに大きな声でうたってやりました。
「やめなさいよ。やめなさい！」女子たちがさけびましたが、だれも聞き入れませんでした。私たちがうたい、笑い続けていると、ドアをバタンと閉めて、彼女たちは部屋を出ていってしまいました。

　田舎暮らしは、女子にとってはさらに大変なものでした。女子でも私たちと同じように力仕事をしなければなりません。石をいっぱい積んだ手押し車を押して、せまい道に沿って運んでいったり、とうもろこしの茎の大きな束を丘まで運ばなければなりませんでした。
　また、私たちは、1か月に1度の入浴でがまんしなければなりませんでした。だから仕事のあと、ときどき湖へ泳ぎにいきました。でも、村人たちは冷たい水を怖がっていたため、湖で泳ぐことはなかったのです。

ある暑い夏の午後のことでした。湖に飛びこむと、波が湖を横切って広がっていきます。私たち、とりわけ女子たちは、湖で泳ぐときがとても幸せだったようです。笑いながら、水をバシャバシャさせていました。
　夏の暑さのもとで一日じゅう地面を掘りつづけたあとにあびる冷たい水は、最高でした。
　突然、女子たちは笑うのをやめました。私がふりかえって見ると、たくさんの村人たちがダムの上に立って、こっちを見ているではありませんか。私は唖然としました。男も女も、老いた人も子どももいます。彼らは、私たちの方を、ただただだまって見つめていたのです。私たちは声をかけました。「泳ぎにおいでなさい！ たのしいですよ。いらっしゃい！」

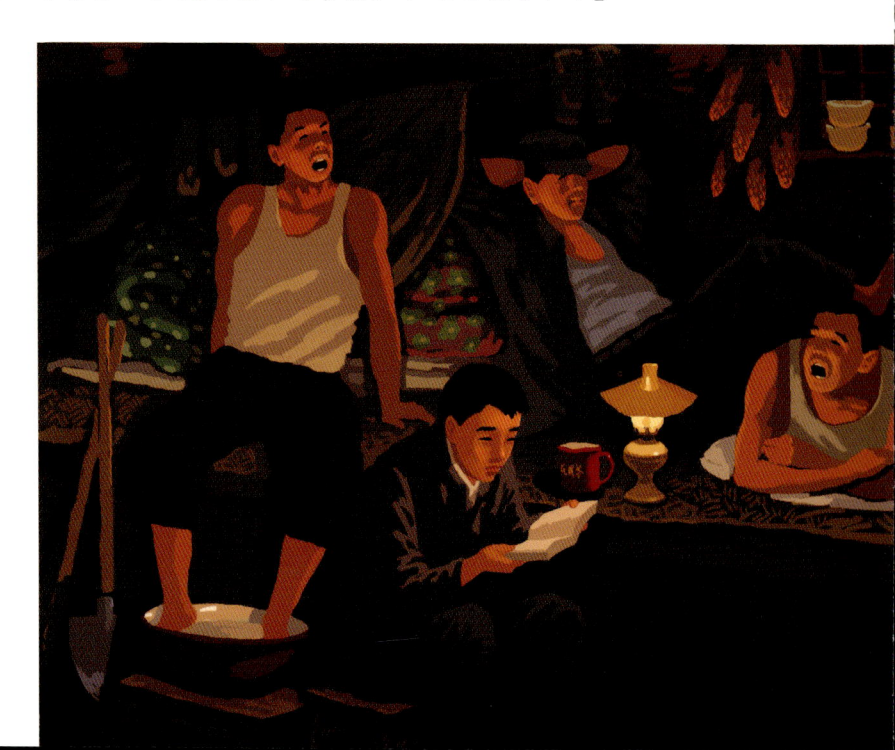

しかし、だれも返事をしませんでした。しかも、ダムの上の見物人はどんどん増えてきたのです。
　どの女子も、水着を着けていたにもかかわらず、身体を水のなかに隠しました。長い沈黙のあと、娘につき添われたひとりの老婆が、自分のつえで女子たちを指して、こう言いました。
「あの子たちの肌を見てごらん。まるで絹のようにきれいだ」
「そうだねぇ」老婆の娘のひとりが続けて言いました。「都会の子は、私たちとは違うんだ」
　それからは、田舎娘とまち娘の違いについて、村人の討論会。
　暗くなってきましたが、女子たちは水のなかに入ったままでした。結局、湖の向こう岸までいくことになり、どうにかして泳ぎつき、私たちが服を持っていくのを待ったのでした。

こうして2年が過ぎました。同じ毎日、同じ生活。
　私たちは、きつい仕事にも粗悪な食事にもすっかり慣れていました。しかし、村での生活は退屈そのものでした。
　私は17歳になっていました。私は、もう4年間も学校にいっていません。もしかしたらもう二度と学校にはいけないかもしれません。

　私はドギーに、将来何をしたいかとたずねたことがあります。すると彼は、自分は9人の他人といっしょに同じ屋根の下で育ってきたことを話してくれたあと、いまは自分の家を建てて家族を持ちたいと言いました。それが彼の夢なのだそうです。
　では、私の夢は何だったのでしょう？
　私は学ぶことに飢えていました。しかし、この村でこれ以上何を学ぶことがあるのでしょうか。ラジオもないし、新聞もありません。私たちは、村の外で何が起きているかさえまったく知らなかったのです。
　私は2冊の本を持ってきていました。スーツケースのなかに隠して。それは、ビクトル・ユゴーの『レ・ミゼラブル』と、トルストイの『戦争と平和』です。
　畑仕事に疲れてもどってきたとき、私はゆらめく明かりの下にすわって、それらを読んだものでした。
　するといつしか私は、パリかモスクワに、本の登場人物たちといっしょにいるのです。私は、ふたつの世界に生きる自分を見いだしていました。ひとつは、青ざめた退屈な現実の世界、そしてもうひとつは、感動と色彩に満ちた本の世界です。
　しかし、本がどれほど私に喜びをくれようとも、朝になると私は目覚め、他の仲間とともに田畑にいくのでした。
　ときには休憩の間、私は地面に寝そべって青い空を見上げて考えをめぐらせました。これからの人生、いったい何をしようかと。
　すると、「おい！　起きろ。仕事にもどれ」と大きな声が。私は、畑にもどり、ひとりで笑うのでした。そして、こう言ったものでした。「私は農民だ」

下放の目的と結果

中国の文化大革命

　当時、中国の農業技術は非常に原始的で、最も必要とされていたのは農地を増やすことでした。そのためには、沼地をうめ立て、原野を耕し、灌漑用の水路を掘らなければなりませんでした。機械はなく、荷馬車を引き、手押し車を押しながら、すべて人力で作業がおこなわれました。土、石、そして肥やしは、木のバケツか、小枝でつくったかごに入れ、背負い棒の両端につり下げて運びました。

　作業はとても過酷でした。その上、都会の若者の多くは、肉体労働などしたことはありません。作業は長期間に渡り、しばしば厳しい暑さ、逆にものすごい寒さのなか、鎌で米や麦を収穫し、木や果樹を植えました。しかも田舎では、農業技術が遅れているだけでなく、人びとの教育も遅れていました。文字を読んだり書いたりできる人は、とても少なかったのです。

　そこで、都会の若者たちは、村人に新聞を読んであげたり、革命の話をしたり、革命歌をうたって聞かせたりして、村人の教育に力をかしました。また、夜は、いっしょに毛沢東の功績について学びました。しかし、農夫たちのすべてが、下放した若者を両手を広げて歓迎してくれたわけではありません。彼らを鍬の持ち方すら知らない、なまけもののできそこないだと思った農民もいました。

　一方、田舎での生活に憤る都会の若者もたくさんいました。

　下放した宿泊場所はひどいもので、プライバシーもありませんでした。空っぽの部屋にセメントの石板でできたベッドで眠る人たちもいました。彼らは、学校教育を受けるべき若い時代がむなしく過ぎさっていくのを、ただ見つめながら過ごしたのです。

　その後の人生のすべてを田舎で過ごした人もいましたが、家族が恋しくなった人もたくさんいました。ホームシックになり、疲れはて、こっそり都市へともどった人。さらに南へと向かい、香港へと泳いで渡ろうとした人もいました。

　こうして、下放運動のなか、青年時代の数年を農作業や工場労働などに費やした人たちのほとんどが、学校へはもどりませんでした。そのため、中学生以下の学力のまま大人になった人が、とてもたくさんいました。

チューは、私の親友でした。彼はおもしろい男で、活力に満ち、しばしばおもしろいことを考えつきます。

　ある日、彼は私にある物を見せてくれました。小さな木の箱を開けると、なかには色とりどりのチューブが入っていました。

　「見ろよ」と、彼は言いました。「母さんの引き出しのなかから見つけたんだ。油絵の具だぞ」

　私たちは湖畔にすわって目の前の景色を眺めました。夕暮れの空は、金色。湖の水は冷たく透き通った青。彼方に水車や農家、水面に反射する山やま。私は、あらゆる種類の色や影を見たような気がしていました。

　もうがまんできない。私は、絵の具を混ぜて紙に色をつけはじめました。まわりのものごとすべてを忘れて。

　ずいぶんしてから、チューの声が聞こえました。「おい」と、彼は言いました。「おまえ、すごいぞ！」

　自分が完成させたばかりの絵を見ながら、私は幸せでいっぱいでした。私はとうとう自分の道を見つけたのです。人間としての自分を表現できる道を。

　私は農夫かもしれない。でも、きっと自分自身にもなれるに違いない。

　その夜、私は父に手紙を書きました。そして、画家になりたいと伝えました。ふと、父の美術書のなかにあった、1枚の絵を思い出しました。巨大な嵐の空の下に広がる、真っ暗な風景。木も家もない。ただ風の吹く道だけが、はてしなく遠くまで続いている。

　私は、まるで自分がその絵のなかにいるように感じていました。そして、色と美と喜びと優しさに満ちた場所へと続く、その道を進んでいこうと決心したのでした。

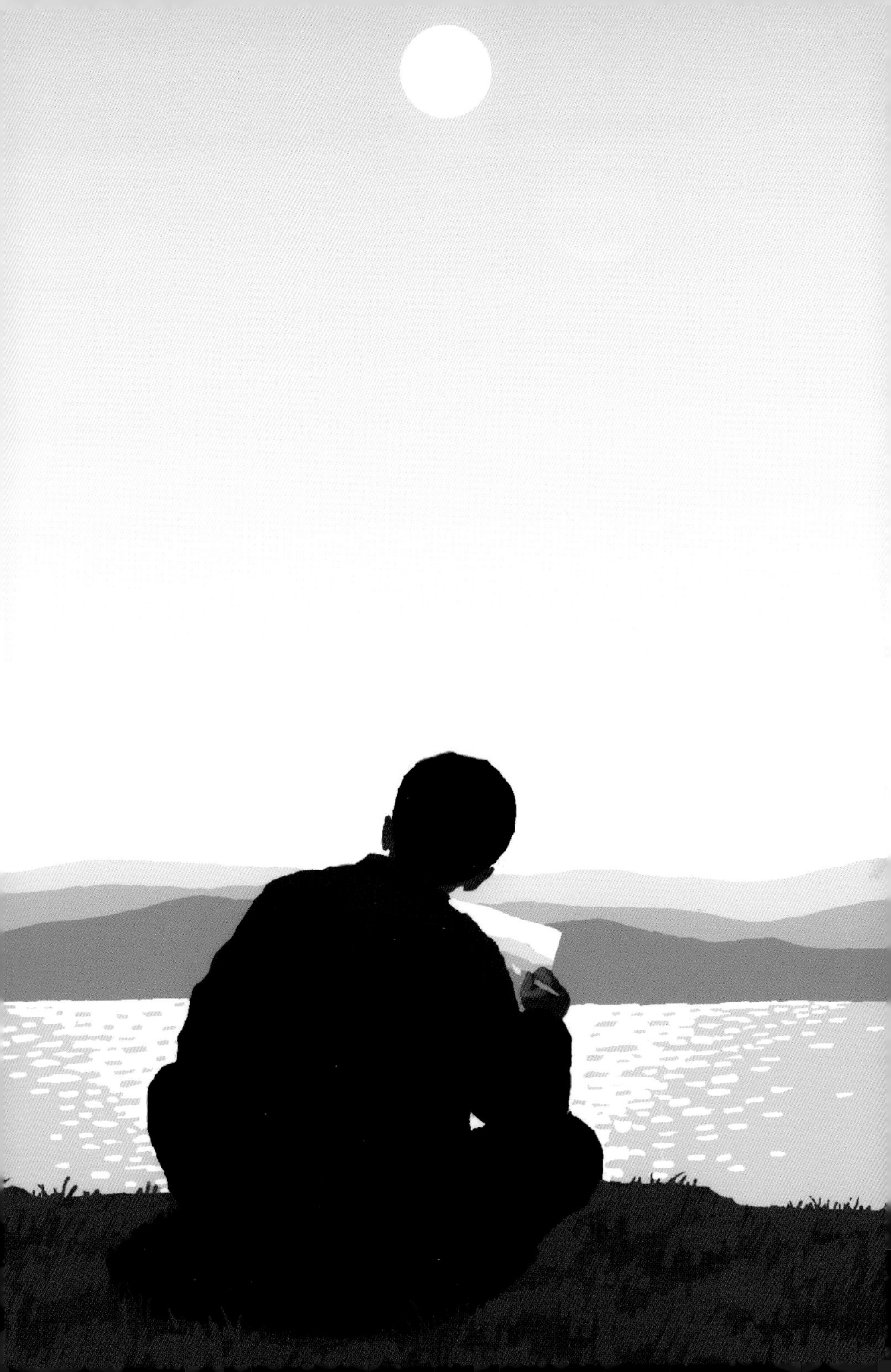

エピローグ

　アンコーは、山西省の小さな村で3年間暮らしました。その後、湖北省に移り、そこの鉛筆工場で7年間、鉛筆を作る機械の運転をする仕事をしながら芸術活動を続けました。

　1976年には、毛沢東の死去とともに文化大革命は終わり、失脚していたアンコーの父は、名誉と権利を回復しました。

　アンコーは、北京の実家にもどり、中央戯劇学院に入学し、舞台美術と芸術を学びました。

　1982年、優等で卒業。中央歌劇院で、プロのステージデザイナーとして働きはじめました。現在は、カナダのトロントに住んで、画家・イラストレーターとして成功しています。

文化大革命の最中、北京の天安門の前でとった写真。アンコーが立っている有名な金水橋にも一面革命のポスターが貼りつけられている。

北京の大きな競技場で、文化大革命の終焉を宣言する、新しい詩を読み上げるアンコーの父。

訳者あと書き

　1966年の紅衛兵運動にはじまった文化大革命は、1976年、毛沢東の死とともに終わりを告げました。この革命が終わるとき、中国共産党は、「紅衛兵運動」と「下放運動」について次のようにまとめました。
・1968年〜1978年の下放運動は、「全体的計画を欠いたもの」で、この10年間に、全国で下放した人約1623万人の多くが、中学生かそれ以下の学力しか持たない状況をつくりだした。
・このことは、中国の教育水準を下げるとともに、中国の近代化を遅らせる原因のひとつとなった。
・若者が農村の現実を知ったことには、よい面もあったが、紅衛兵運動と下放運動の経験を持つ世代は、まさに「現代中国の失われた世代」となった。

　文化大革命後、中国では鄧小平時代がおとずれました。鄧小平は経済開放政策をおこなうなど、近代化を急速に進めました。その結果、経済は大きく発展し、「世界の工場」「世界の市場」とよばれるほどになりました。しかし、急激な経済成長とともに貧富差が拡大し、深刻な環境問題をひきおこしています。

　そうしたなか、政治の民主化を求める社会的なうねりが生まれ、文化大革命がもたらした矛盾について考え直す人も現れてきています。アンコーもそのひとりといえるでしょう。

　しかし、その一方で、2005年、中国各地で大きな反日運動が起きました。この運動は、現代の中国社会のもうひとつのうねりともいえるかもしれません。

　訳者は、より多くの日本のみなさんに、アンコーのすばらしい絵を通して、中国社会と中国の人びとを少しでも深く知ってほしいと思うことから、この本の翻訳をはじめました。

　ところが、訳者自身がこの本のなかで一番感動したのは、「中庭でもたのしく過ごしていました」(p5、3行目) というアンコーが、その「空は四角く切り取られ」ていたことに気づいて、屋根にのぼって見ると、「ある家の中庭に、かわいらしい女の子がすわって編み物をしていました。そばには松葉づえが置いてありました」(p35、22行目) というシーンでした。また、紅衛兵に封印された書棚の本を読みあさり、「世界にはたくさんの異なった種類の人びとがいるということがわかった」と書かれた絵 (p32) でした。

　この絵本は、中国について、世界が知らなかったことを人びとに知らせてくれています。しかし、それだけではありません。「世界にはたくさんの異なった種類の人びとがいる」し、それぞれの生き方があることを考えさせてくれるすばらしい本だと思いました。絵本であって、ノンフィクション。この本が、子どもからお年寄りまで、より多くの人に読んでいただけることを願ってやみません。

2005年6月4日

より多くの日本の読者に読んでいただきたく、原著者の了解を得て英語版とは異なった体裁にしたことを申し添えておきます。

■著者／アンコー チャン　Ange Zhang
北京に生まれ、15歳から17歳まで山西省で下放生活を送った後、1976年北京にもどり、中央戯劇学院入学。1982年卒業。
現在、カナダ・トロントにて、画家、イラストレーターとして活躍。
2005年、ボローニャ国際児童書展・ノンフィクション部門で、本作品がラガッツィ賞（大賞）を受賞。

■監修／青野繁治　Shigeharu Aono
1954年生まれ。大阪外語大学大学院外国語学研究科東アジア語学専攻修士課程修了。
現在、大阪外語大学外国語学部教授。
専門は、中国現代文学。

■訳／稲葉茂勝　Shigekatsu Inaba
1953年生まれ。東京外国語大学卒。児童書の編集をおこないながら、翻訳・創作活動を続けている。
監訳に『世界の人びと』『ギネス世界記録』（ともにポプラ社）、著書に『中国の漢字と中国語』（小峰書店）、『子どもの写真で見る世界のあいさつことば』（今人舎）など多数。

社会と個人を考える
赤い大地　黄色い大河
10代の文化大革命

著・絵／アンコー チャン（張 安戈）
訳／稲葉茂勝
編集／石原尚子（こどもくらぶ）

2005年9月1日　初版第1刷 発行

発行所／株式会社 今人舎
〒186-0001 東京都国立市北1-7-23
TEL 042-575-8888　FAX 042-575-8886
imajin@m-net.ne.jp
http://www.imajinsha.co.jp

印刷・製本所／図書印刷株式会社

©Shigekatsu Inaba
Published by Imajinsha Co., Ltd. Tokyo, Japan
価格は表紙に印刷してあります。本書の無断複写（コピー）は、著作権法上での例外を除き禁止されています。落丁本・乱丁本はお取り替え致します。
ISBN4-901088-39-4　56P　22×15cm

アンコーの初期の作品のひとつ。

写真左側、メガネの人物が学生時代のアンコー（1980年）

RED LAND, YELLOW RIVER: A story from the Cultural Revolution

Copyright © 2004 by Ange Zhang
First published in Canada by Groundwood Books Ltd.
Japanese translation rights arranged with Groundwood Books Ltd
through Japan Uni Agency, Inc.

CREDITS AND ACKNOWLEDGMENTS
All images courtesy of the author except for the following: page 2 artist Weng Ruolan and page 19 published by the editorial office of the *Jinggang Mountain Fighting Report* / Morris & Helen Belkin Art Gallery; pages 3 and 11 copyright © Li Zhensheng (Contact Press Images); page 6 Janek Rowinski Collection, Hoover Institution on War, Revolution and Peace, Stanford University.
The author and publishers would like to thank Victor Falkenheim.